Chwilio am dân
Elis Dafydd

Cyhoeddiadau
Barddas

Cyhoeddwyd rhai o'r cerddi eisoes yn *Barddas, Y Glec, Tu Chwith, Y Llef, Cyfansoddiadau Llenyddol Buddugol Eisteddfod Genedlaethol yr Urdd 2015*

Diolch i Gyhoeddiadau Barddas am y cyfle ac i Elena Gruffudd am ei gwaith trylwyr a gofalus.

Diolch i Huw Meirion Edwards ac Olwen Fowler yn y Cyngor Llyfrau am waith golygu cymen a chlawr trawiadol.

Diolch i Guto Dafydd, Gruffudd Antur, Mam, Angharad Price, Gerwyn Wiliams a Llion Jones am eu hawgrymiadau a'u sylwadau gwerthfawr, a phopeth arall hefyd.

A diolch i bawb sy'n rhan o hanes y cerddi hyn.

Argraffiad cyntaf 2016

ISBN 978-190-6396-91-6

Cyhoeddwyd gyda chymorth ariannol Cyngor Llyfrau Cymru.

Cyhoeddwyd gan Gyhoeddiadau Barddas.

Argraffwyd gan Wasg Dinefwr, Llandybïe.

O na byddem fel y buom ...

(Hen Bennill)

Cynnwys

Arwyr

Ces dreulio ienctid cyfan wrth eu traed
yn gwrando pob un hanes fesul gair
a thaflu'r cyfan oll i bair fy hanfod i

a'u cadw at pan fyddai'r gwaed yn bygwth ceulo.
Bryd hynny deuai eu lleisiau i sgrechian 'Dos!'.
Ces innau fynd ac edrych ar y byd

drwy lygaid rhai a welai'n bell
drwy sbectol haul lliw gwin.
Ces gwmni diddan ym mhob bar

a'u halawon yn fy ngwarchod rhag cawodydd
y ffordd adref; eu geiriau yn fy llais
yn ymladd stormydd, a'u delweddau'n

nerth i agor drysau clo.
Daw dydd na fyddant yno mwy,
a'u lampau yn falurion ar y lôn.

Bydd rhaid edrych ar erchylltra noeth y byd fy hunan.
I be'r awn ni i aros? Lladdwch nhw rŵan.

John Davies, Merêd a John Rowlands

O awyr sy'n ddu, mwyach, yn dywyll
　　fel diwedd cyfeddach,
　　yn bwyllog, mae gwlad, bellach,
　　yn hel sêr yn ôl i sach.

Er fy ngwaetha
(er cof am 2010–2011)

Ambell i enw, ambell i gân,
ambell i ffag sydd yn chwilio am dân,

ambell i gysgod yn llygad hen ffrind, ·
ambell un dw i'm 'di'i charu tan ei bod hi 'di mynd.

Ambell belydryn sy'n boeth ar fy ngwar,
ambell un o'r hen wynebau yn y drych uwchben y bar.

Ambell i bnawn mewn maes parcio gwag
efo merch o Frynrefail sydd am ddianc i Prag.

Ambell i foi yn y gornel ei hun
sydd yn yfed i iechyd bob bore dydd Llun.

Tra bydd y rhain, mi fydda i'n slaf
i bob un o'r gwenoliaid rhwng rŵan a'r haf.

'Petasai'

Petasai fy henaint yn cyrraedd heno
a fory yn taflu fy ienctid i'r cŵn,
nid galarnadu a wnawn, na sgrechian

fy mhrotest o doeau'r tai wrth ffarwelio
â chamgymeriadau a hen gariadon,
a chladdu camau gweigion

dan flynyddoedd profiad.
Llawenhawn am gael bod yn rhydd
o'r pwysau i godi baneri a dofi 'mreuddwydion

i gyd â dyletswydd at wlad ac iaith.
Cawn adael y gwaith o danio
gwawriau boreau'n rhyddid

i hyder seithug cenhedlaeth iau.
Yn hen, cawn fyw'n gysurus-farwaidd
heb boeni am bechodau fy ienctid

na'i gyfrifoldebau chwaith.

A feddo gof

Fe anghofiwn amdanat pe gallwn:
dadgerddded hen lwybrau
a hau hadau glaswellt wrth 'mi fynd;
llnau ôl ein teiars oddi ar y lôn
cyn llosgi'r llythyra a'r gusan ola
a chladdu'r atgofion ar waelod yr ardd.

Fe laddwn y defnyn olaf o'r cariad
sydd gen i ar ôl atat ti,
a thalu prifardd i'w farwnadu'n iawn.

Fe awn i'r dafarn wedyn, i yfed dŵr
a dweud ffarwél,
a throi o gwmpas dipyn i wneud yn siŵr
fod y gwydrau fu'n dal
ein llwncdestunau ni
wedi'u hel.

Pe gallwn wneud hynny,
efallai y gallai
fy meddyliau dy osgoi,

ond mae'r drws tuag Aberhenfelen
yn gwrthod cloi.

Y cyfan

Mae ogla hiraeth ar yr haul yn Nyffryn Nantlla
a'r gawod sêr ym Mangor Ucha.
Ond deud i mi, wyt ti'n cofio'n gwalltia'n
socian wlyb dan gawod eira?
A Duw ei hun yn nhraed ei sana'n
bendithio gwres y noson gynta
wrth inni swigio *gin* o botal fodca.

Ac wedyn, cyffro'r misoedd cynta'n
wefr ac ias am yn ail â dagra
wrth inni ddechra sylweddoli'n ara'n
bod ni'n hidio gormod am wendida
a bod 'na gur tu mewn i'r geiria
sydd yng nghlustia dau wrth ddawnsio'n ara.
Y briwsion baco ar hen lythyra'n
chwd ar lawr y trên olaf adra,
a'r myfyrio dwys a'r athroniaetha'n
siarad gwag uwch peint o Stella.

A thra 'dan ni ein dau yn ffraeo'n fa'ma
mae bar y Glôb 'di cau ers oria
a thrugaredd sy'n tollti'r gwin i'r gwydra
mewn stafell fudur ym Mangor Ucha.

Mi gawn dreulio fory'n hangofera.
Mi gei sbio arna i. Mi ga i sbio arna chditha.

A'n calonna ni'n rhacs ym mhocedi'n jîns.
A'r cyfan,
fy nghariad,
ar ben.

Chwarae cuddio

(i ffrind sy'n dioddef o iselder ysbryd)

Rhyw ddiflannu'n sydyn wnaeth o, meddet ti,
fel briw yn ceulo neu gur pen yn cilio heb 'ti sylwi:
dim ond mynd gan d'adael dithau'n

teimlo'n 'llawer gwell nag o'n i, diolch'.
Dwyt ti ddim, bellach,
yn gobeithio marw er mwyn cael byw,

nac yn deffro i hunllefau yn y boreau bach.
Ond mae arwyddion eich cydorwedd chi
yn dal i loetran rhwng y stryd a'r sêr:

fe glywi gloch *last orders* yn y ddiod gyntaf,
a diffodd y jiwc bocs yn nodau pob cân;
mae gwaed y machlud yn gymysg â gobaith

pob gwawr a weli, a chyn i ddail y gwanwyn nesaf gyrraedd
rwyt ti eisoes yn eu gweld nhw'n farw ar y llawr.
Achos er iddo ddiflannu a d'adael ar ôl,

rwyt ti'n gwybod o brofiad y daw o'n ei ôl.

Nes bod bysedd yn brifo

(ar ôl nosweithiau meic agored y Glôb)

Nes bod bysedd yn brifo,
cloch y bar yn dirgrynu'n ara,
a'r byd tu allan yn llacio'i afael,

roeddem yno'n gwrando caneuon rhyw ddoe a fu,
yn clywed atgofion rhyw orffennol hen
am fanion a drodd yn gelfyddyd wedyn:

rhai'n cyrraedd, ffarwelio a mynd hyd y byd
a'r glaw'n morthwylio'n eu calonnau nhw i gyd.
Geiriau ac alawon pobl na wyddom eu hanes:

pobl a wnaeth brofiadau'n byw yn destun
rhyfeddod, cyn mynd, a düwch wedyn
yn cuddio ôl eu traed.

Ond mae iddynt hwythau eu hanfarwoldeb:
mewn strỳm gitâr ac ochain ffidil
a wylo tawel bar llawn alawon.

Tywod

(i B.M.)

Oer yw sgrechian gwylanod, oer ein tro
     ar ein traeth diddarfod.
    Maen nhw'n dweud fod mynd a dod
    yn tewi yn y tywod.

Bore yn Eldon Terrace

Mae'r byd yn ôl, a ninnau'n yfed dŵr
a smocio yn sŵn y lorri-sgubo-stryd
sy'n hollti'n pennau.

Aeth neithiwr yn ei blaen yn lot rhy hir.
Ni yw'r giwed sydd heb angen bod yn unlle,
ond sydd ddim yn saff i ddreifio i nunlle chwaith,

yn garcharorion-teimlo'n-shit yr oriau
gwin yn adlewyrchiad cloch y bar.
Ond eto, neithiwr, a phob

diod arall yn codi hiraeth,
cawsom strymio gitârs i stopio fory
a chanu i faricedio canol oed. Felly, rŵan,

wrth ddiodde'r bore sydd yn brathu'n waeth
nag oedd o stalwm; wrth fethu dwyn i gof
ein hantics-canol-nos, cawn sicrwydd

na ddaw'n byd ni fyth i ben
am inni unwaith ryfeddu cyn syrthio i gysgu:
ac anelu'n breuddwydion tua'r sêr,
a'r rheiny'n syrthio.

Ga i?

Ga i farw cyn mynd yn hen
ac ymadael â'm buchedd efo clamp o wên?

Ga i adael fy ngwaith ar ei hanner i gyd
cyn diflannu i'r t'wyllwch dros ymyl y byd?

Ga i farw fy hunan
cyn adnabod marw ffrind,
heb adnabod dim o'r chwithdod
sydd mewn mêt sydd wedi mynd?

. . .

Ga i farw yn ddiawledig o hen,
yn fud mewn cartra henoed ac yn blydi wel insên?

Ga i weld marw cyfeillion? Ga i gario llawer arch
a gwneud englynion coffa i ddangos 'bach o barch?

Mi fydd colli pob un o'm ffrindia
yn siŵr o adael craith,
ond dw i isio byw'n ddigon hen i gael diolch
am eu cwmni ar hyd y daith.

Ac eto nid myfi #2

Paid â 'ngorfodi i ymhelaethu
ar bwy o'n i cyn dod i'r fan hyn:
gad i'r cyfrinachau ddiflannu'r
tu hwnt i'r cymylau gwyn.

A gad inni yfed un arall,
un sydyn – cyn i'r bar gau,
wedyn gad inni ddawnsio'n feddw
ar y sgwâr am hanner 'di dau.

A paid â phoeni am bwy ydw i.
Paid â phoeni am bwy dw i 'di bod –
am 'mod i'n gwybod yn bendant, cariad:
yn gwybod pwy dw i isio bod.

Mi fynnwn

Mi fynnwn farw rhag deffro hebddi
pan fo tynerwch yn cuddio'n noethni;
sŵn ei llais yn atsain gweddi
a sŵn y glaw yn sibrwd stori.
Mae'r celwydd golau yn argyhoeddi,
a geiriau hen gariad wedi'u diarfogi,
a'r hen, hen gur wedi hen ddistewi
pan fo tynerwch yn cuddio'n noethni.

Mi fynnwn farw rhag deffro hebddi.

25.01.14

I ffrind

'Da' i'm i sôn am eirch
na'r cyfnod pan fydd angau'n
crafangu i rwystro'n

taith benchwiban i'r dre
pan fydd bywyd yn gofyn
ei foddi mewn *gin*.

'Da' i'm i sôn am amser
pan na fyddwn yma
a dim ond atgofion o'n henwau'n

cosi gwefusau'n hen gariadon.
Soniaf am heno, am y Glôb a'r Garth
a dieithrwch y byd

sy'n mynd o'r tu arall heibio.
A chawn fwrw sen am ben y boen
a'n bagla a thorri'n calonnau

dros ferched na welwn eto
dan chwerthin,
dan wybod y bydd,

y tu hwnt i'r stormydd,
ryw snyg tu ôl i'r stryd
i ffeirio straeon.

Waterloo, Bangor
30.01.14

Wrth wisgo fy hoff grys

Rwygith hi mo'r crys 'ma oddi amdana i eto
a gorffwys ei phen ar fy mynwes,
cusanu 'ngwddw,
rhedeg ei hewinedd main
ar hyd fy nghefn,
na sbio arna i, a moesau'n
magwraethau Ymneilltuol
yn coelcerthu yn ei llygaid.

Rwygith hi mo'r crys 'ma oddi amdana i eto.

Fe'i gwisgaf heno

a mentro allan i gywain
hen drawiadau'n gerddi newydd
ac fe'i tynnaf oddi amdanaf pan ddaw'r nos i ben,

gyda llwch strae sigaréts wedi'i rwbio i'r llewys,
mat cwrw'n ei boced,
a staeniau seidr yn cosi'i benelinoedd.

Ond heb yr un stori garu i'w golchi o'i gotwm.

Mae Gwenan yn gwybod

Mae hi'n noson reit ryfedd, y gwin yn reit gry
ac Iwan 'di marw a'r haul 'di troi'n ddu.
Mae 'na ddyn bach o Fangor yn crio ar y ffôn
ac mae Gwenan yn gwybod am be 'dan ni'n sôn.

Mae Carys 'di meddwi efo Llŷr yn y tŷ
a Rhywun yn rhegi efo'i llygaid llus du.
Mae Lois yn reit wirion ond yn gall yn y bôn
ac mae Gwenan yn gwybod am be 'dan ni'n sôn.

Mae Gruff yn ei wely ymhell iawn i ffwrdd
yn breuddwydio heb wybod pryd gawn nhw gwrdd.
Mae 'na egin cyfrinach yn chwyrnellu 'lawr 'lôn
ac mae Gwenan yn gwybod am be 'dan ni'n sôn.

I be'r awn ni i boeni ar noson fel hon?
Mae fory 'di digwydd mewn ddoe newydd sbon.
Mi gawn ganu dros Gymru heb wybod y dôn
ac mi fydd Gwenan yn gwybod am be 'dan ni'n sôn.

62, Stryd yr Allt, Bangor Uchaf
30.04.14 – 01.05.14

'Canys ni allaf lwyr anghofio'r ias ...'

Roeddem yno yn dathlu'n diwylliant,
yn gwylio bardd newydd
yn saethu i'r ffurfafen o ganol storm
ar wyneb yr haul.

Gwelsom ein gilydd. Cawsom sgwrs
am bethau gwâr ein bydoedd trefnus:
fy nhraethawd hir, fy ffolio o gerddi
(ni soniais, wrth reswm, imi ganu iddi ...),
ein seremoni raddio a'i thrip
arfaethedig hi rownd y byd.

Tybed, yng nghanol magnolia'n siarad,
a fwriwyd yn ôl i'w chof
ei hatgofion amdanom ein dau?
Wrth sgwrsio am betheuach byr ein bywydau gwahân,
oedd hi'n meddwl amdanom yn gafael llaw
yn nyddiau llwm Penmon?

Ddaeth fy nwylo'n anwylo noethni
ei chorff glöyn byw ar sêt gefn y car
yn ôl i'w chof am eiliad fer?

Ac a oedd hi'n ei gweld hi
yn chwithig ffarwelio heb gusanu?
Gobeithio'i bod hi.

Caernarfon
04.05.14

I Guto

Chawn ni ddim sôn am win gwyn sych
â marwolaeth yn edrych yn ôl arnom o'r drych.

'Di hi ddim yn iawn inni ddawnsio yn feddw ar y stryd
ag arch arall yn pasio ar ei ffordd allan o'r byd.

'Di hi'm yn weddus inni fwydro yng nghanol y glaw
â'n hiaith bron yn barod i fynd 'r ochr draw.

Ond rhwng ochneidiau peryg a chystrawen frau
mae holl synnwyr pen Cymro yng nghusan dau.

Mae 'na bentra neu ddau dan y dŵr wedi mynd
ond mae 'na lyn o wirionedd yn sgyrsiau dau ffrind,

a sillafau afradlon ac odlau triw
yn plethu drwy'i gilydd drwy chwerthin criw.

Mae 'na hen drawiadau mewn cerddi newydd
a chynganeddion damweiniol yn dal i ddigwydd;

felly i be'r awn ni i ddweud bod hi'n ddiwedd y byd
os 'di rhif yr olygfa yn amlwg o hyd?

I be'r awn ni'n benchwiban i sgrechian ffarwél
pan mae 'na win eto i'w yfed a phnawniau diog eto
i'w hel?

Felly gawn ni sôn am win gwyn sych? Gawn ni? Cawn!
Achos mae 'na Brifardd o Drefor yn deud bod hi'n iawn.

Pwllheli
11.09.14

GWREICHION

> 'Yno fe'th genhedlwyd
> yn ochenaid rhwng y blodau a'r bedd,
> ac ym mhen naw mis
> dy eni'n gryf yn yr oed oedd arnat,
> a chenais dy enw, Rhys. '
>
> 'Gwreichion', Iwan Llwyd

Golygfa 1: Bangor 16.ix.14

Dim ond drwy ffliwc yr ydw i yma.
Erfyniodd rhywun, unwaith, fy niffodd:
fy ngharthu o wely erthyliad
ryw fore llwm o orffennol oer.

Ond canwyd fy enw. Ces fyw.

Ces fy ngeni i anadlu marwolaeth
yr hen geyrydd blinedig sydd heb ddim
ond un genhedlaeth afrad ar ôl:
cenhedlaeth nad adnabu orthrwm,
sy'n gwingo mewn cadwynau llac.

Fe'n taflwyd i fyd na wêl ein colli.

Af allan, i odli gyda'r genhedlaeth honno
yn stafell gefn hen dafarn wag. Seiadwn
dan y golau gwael, heb dystion
i'r siwrne olaf, ddistaw hon.

Suddaf, wedyn, i wely oer.

Golygfa 2: Caeredin 18.ix.14

Dianc i ddinas arall
lle mae'r strydoedd cefn yn las,
a storm yn addo torri
yn nhwrw riffs gitâr.

Dianc i ddinas arall
lle mae'r wawr yn dod yn nes
a chyffro tawel gobaith
yn ysgwyd yn ei mêr.

Dianc i ddinas arall
lle mae'r byd i gyd ar gael,
mewn gwlad sy'n bygwth deffro,
a'i gorwel pell ar dân ...

Golygfa 3: Caeredin 19.ix.14

Fe welais i ti yno,
a'th wyneb cyfarwydd
yn loyw dan olau'r stryd.

Y tu allan i'r Senedd yr oeddet ti –
yn un o'r genod del oedd yn sbio'n flin,
ac yn hel eich dagrau mewn gwydrau gwag:

genod ifanc yn gwrthod coelio bod y glaw
yn gwlychu cynhaeaf eich breuddwydion crin.
Roedd dy fwclis yn ddiferion o hanes na ddigwyddodd
a gobaith yn marw yn dy lygaid glas.

Fe droist ti ata i, a dweud
bod drws yfory wedi'i gau am heno,
ac nad oedd neb i wylo a neb i boeni
bod boreau rhyddid yn gwrthod gwawrio.

Ac yna, ffarweliaist:
cofleidiaist fi; cusenaist fy moch.
Gwelais fy mhader yn llithro i'r nos.

Golygfa 4: Bangor 26.xii.14

Roedd o'n ddiwrnod gwirion i fynd am sbin:
barrug ar odre Eryri a rhybuddion fod rhew
ynghudd yn niwl y canolbarth.

Mynd wnes i, beth bynnag –
lampau'r car yn disgleirio dros gefnffyrdd y de –
a chyrhaeddais Abergwesyn cyn i'r tywydd droi.

Roedd hi'n ras i gyrraedd adre, ond mynnais
wyro o'm llwybr a gadael, ddwywaith,
glydwch y car:
fe deimlais i'r glaw yng Nghilmeri,
a'r eira yn Abaty Cwm-hir.

A'r Alban mor wan â ninnau, bellach,
roedd addewidion Llundain
yn cracio mor deilchion
â'r rhew ar ddŵr Clywedog.

Roedd rhai o'r lleill yn sôn am fentro'n fuan i Gaeredin eto,
at atgofion wisgi, at fôr o firi a bariau hwyr.

Peidio a wnawn i, rhag ofn na fyddai gobaith
na'r ferch â'r llygaid gleision
ddim yno bellach.

Golygfa 5: Bangor 26.i.15

Ymddangosaist, ym Mangor –
lle nad yw'r stryd yn ferw o obaith
na'r gorwel yn gwahodd breuddwydion.

Roeddet ti yno, rhwng y snyg a'r stryd
a'r ddiod nesaf, a'th wên yn toddi synnwyr
a'i losgi'n gusanau slei,
yn felys rhwng chwys a chnawd.

Ac rwyt ti'n crio, weithiau, meddet ti: yn ofni
na fydd yr haf yn dychwelyd ar ôl iddo ddianc
dros y gorwel eiddil nesaf,

ac nad ydan ni'n dau yn gwneud dim byd
ond adeiladu rhywbeth sy'n gwahodd gwyntoedd
yfory i'w chwalu'n rhacs.

Golygfa 6: Caeredin 14.ii.15

Efallai na fyddwn fel hyn am byth,
ac y daw trefn i geulo'n gwaed.
Efallai yr erfyniwn am faddau cariad na ddigwyddodd,
ac y gwagiwn boteli llawn i lawr y draen.

Ond bu gobaith, unwaith, yn darnio amynedd
dynion brau. Gwelsom fwrllwch
o wreichion tawel pan oedd y nos
yn bygwth sgwrsio â'r wawr.
Gall gobaith fod eto, yma, rhyngom.

Gafaelwn ynddo: achos heno, heno, ti'n ddoniol, ti'n ddifyr –
yn ystyr newydd ac yn weddi wahanol.
Yng nghanol y miri, ti'n dweud geiriau bach diddig
rhwng geiriau bach peryg a geiriau bach gwirion.
Efallai, un diwrnod, y bydd gwg rhwng dy ruddia,
ond os ca i, cariad, mi gofia i di fel'ma.

Mae gwin y ddinas yn boddi'n gofidiau
a'r gwydr sy 'di torri rhwng y byrddau'n disgleirio fel sêr;
mae ein hen drawiadau ni'n gerddi newydd,
a'n canu bron â deffro'r byd.
Fe gawn greu cyfrinachau wrth sbio ar yr awyr,
a chawn wylo'r dagrau sydd yng ngwaddod ein mêr.
Mi snortiwn ni hiraeth, mi swigiwn bechodau ein
                                        hieuenctid gwyn
ac fe gaiff amser, cariad, ein cofio ni fel hyn.

Y bobl yn y lluniau yn y Tate

(cerdd ola rhywun)

Maen nhw wedi'u rhewi y tu ôl i'r gwydr,
a'u dyddiau wedi peidio canlyn bedd.
Yno y maen nhw ac y byddan nhw byth.

Bu adeg pan geisiwn i dy rewi dithau:
saernïo geiriau'n brawf y bu
dy gariad yn wirionedd ar fy nghroen;

rhaffu delweddau'n sicrwydd siŵr
fod 'na wên yn cuddio'n rhywle
pan fyddai dy wedd yn wag.

Heno, rwyt ti fel y mwg yng nghefn y dafarn:
y tu hwnt i gyrraedd cyn diflannu'n llwyr.

Ac wrth i'r goleuadau cyfarwydd ddynesu
ac i'r gwin ar y gwynt ymbellhau,
dw i'n deall mai gwell, efallai,
yw gadael ein gwirionedd ni
yn ddelwedd oer y tu ôl i'r gwydr.

Lerpwl
29.10.15

'A dwyn ei chlod drwy Gymru'

Ai godineb yw hyn?
Ydi Duw mor greulon â'r hen ddynion hynny
a fyddai'n gweiddi 'Pechod!' wrth ein gweld
yn dal dwylo tu ôl i gefnau'n gilydd
a chuddio'n siarad rhag tystion byd?

Gallwn ddweud ag argyhoeddiad mai gogoniant
ydi hyn; mai gweddïau ydi'r gwynt
sy'n sgubo dy wallt; bod litanïau'r
saint yn sŵn dy draed, a bod
dy fysedd a'th wefusau di
yn sanctaidd.

Ond eto,
godineb oedd o
gan y gwyddem
na ddylem
ni ddim.

04.06.15

Dychwelyd i Aberystwyth

Roeddwn i yn feddw yno
a hithau'n ddel nes bod o'n brifo;
y nos i gyd yn wreichion baco,
seidar rhad a sêr yn gwylio.

Doedd fory'n ddim i boeni amdano,
a'r trefi hyll yn rhy bell i'n callio
cyn cau y bar, a'r gwydrau'n taro
rhwng pob swig a sws stacato.

Y lle'n distewi ar ôl ffarwelio
a phob un filltir yn mynnu'n rhwygo
a'n gwneud yn ddau ddieithryn eto.

Ond ddiwedd heddiw mae golau'n sleifio
drwy bob un stryd a'r byd yn effro.
Mae'r wawr i'w gweld cyn i'r haul fachludo
a thrydar drudwy'n hedfan heibio;
y tafarnau'n llenwi a'r beddau'n gwagio
yn sŵn tyner reusennau'n tanio.

Y mae'r fflam na fu 'rioed yno
yn dal ynghyn yn Aber heno.

Aberystwyth
15.12.15

Ymson cariadon

(i H.G.)

Rhy lym yw dagr ein dagrau, a heno
        mae'n ein poeni ninnau
    nad yw'n dda ein bod yn ddau
    a hidiant am wendidau.

Galar

Un hanes mewn hanesion, stori fach
      mewn stôr fawr o straeon;
   un si mewn siarad a sôn
   yw galar mewn un galon.

Glaw Aberystwyth

(ar ôl 'Treginnis', Iwan Llwyd)

Mae 'na dŷ wrth y prom,
mae 'na dafarn 'di cau
ac mae glaw Aberystwyth
amdanom ni'n dau:

Adfeilion gweddïau
fel rhew yn ein gwallt
ac atgofion chwerw
yn dod 'lawr yr allt.

Mae 'na un bron yn feddw,
mae 'na dri'n cynnau tân,
mae 'na ddau wrthi'n yfed
eu gwin ar wahân:

Ffenestri 'di brigo
a baner ar lawr,
a llyfr heb ei sgwennu
â staen ar y clawr.

Mae 'na niwl ar y môr,
mae 'na hud dros y tir
ac mae celwydd hen gariad
yn dod 'nôl fel y gwir:

> Mae 'na rai'n trio ffeindio
> y nerth i barhau
> ac mae glaw Aberystwyth
> amdanom ni'n dau.

**'Dw i'm yn licio leim
yn fy lager ddim mwy.'**

Mae pethau'n newid:
blas yn ceulo; fflamau'n gwywo
a'r dyddiau hawdd eu dallt yn dod i ben.

O'n cwmpas mae'n diwedd yn gwasgu,
a ninnau'n gwybod nad ydym
ond atgof ym myw pobl eraill.
Bydd yr atgof yn disgyn yn garreg,
a'r garreg yn disgyn i'r niwl

a'r niwl yn diflannu i grac yn y lôn.

Gwadu hynny a wnawn ni heno.
Mi gawn noson feddw arall i danio'r gwaed.
Cyhoeddwn bob tafarn yn ddinas barhaus
a ninnau ar herw heb feddwl am boeni
fod pob diwedd bach yn ddiwedd byd.

Ond mae 'na rai sydd ddim efo ni bellach.
A dwyt ti
ddim yn licio leim yn dy lager ddim mwy.